NAAR
SCHOOL

Deltas

Dit is de klas van juf Kaat.
De kinderen en de juf zijn er niet.
Plits en Plets, de visjes, zijn er wel.
Ze wonen graag in de klas.

viskom

bord

bordenwisser   spons

lat

schrift

boekentas

"Blub, waar blijven ze nu toch?",
vragen Plits en Plets zich af.
Triiiiing! Daar gaat de bel.
De kinderen zullen nu wel komen.

tekeningen

wereldbol

inktpot

brullenmand

bureau

trede

pennezak

bal

Eerst maken ze een uurtje muziek.
Lien zingt een grappig liedje
en Stef tikt met een stokje
op de triangel: ting, ting, ting!
Hans slaat de cimbalen zo hard
tegen elkaar als hij kan.

plant

triangel

draaitol

trommel

cimbalen

xylofoon

Eef speelt blokfluit en haar
staartje zwiert heen en weer.
Muziekles vinden ze heel leuk.
Ze lijken wel een echt orkest.

noten

zingen

blokfluit

kruk

"Wat een mooi bloempje", zegt Eef.
"Dat is een viooltje!", roept Hans.
Hij stapt in een plas en springt.
"Ik weet iets over denneappels dat
jullie niet weten", pocht Lien.

boom

nest

roodborstje

blad

viooltje

"Oh ja, wat dan wel?", vraagt Hans.
"Als het mooi weer wordt, gaan ze open
en als het slecht weer wordt,
gaan ze dicht. Dat zegt mijn opa!",
roept Lien heel trots uit.

omheining

den

denneappel

plas

schildpad

De kinderen zijn weer in de klas.
Ze leren over bloemen en planten.
Eef heeft een bloem getekend.
"Die bloem is voor de juf", zegt ze.
Lijkt die bloem op het viooltje?

mest

kas

zaadjes

aarde

blaadjes

Lien heeft een plantje geplant.
Ze zet het in de kleine kas.
Daar groeit het veel vlugger!
Hans verzamelt droge bladeren.
Hij heeft er al een heleboel.

poster

plantenbak

gieter

bloempotten

bladgrond

Nu is het speelkwartier.
De kinderen nemen speelgoed mee
naar buiten. Dat mag van de juf.
Stef gooit kegels om met een bal.
Hans trapt een bal weg.

speelplaats

draaitol

bal

kegels

knikker

"Kijk uit voor de bal, Stef!", roept hij.
Eef springt touwtje: "Eén, twee,..."
Ze telt hoeveel keer ze kan springen.
Lien heeft een hinkelbaan getekend.
Ze springt op één been naar vak twee.

omheining

touwtjespringen

hinkelen

De kinderen zijn in de gymzaal.
Eef heeft geen zin om te turnen.
Ze hangt over de bok en laat
haar voetjes heen en weer bengelen.

gymzaal

kapstok

turnzak

bok

racket

gympjes

Hans stapt op de bank.
Hij houdt zijn armen gestrekt,
zo kan hij niet vallen.
Links, rechts, Lien turnt op de mat.

klimrek

bank

"Ik zal een verhaal voorlezen",
zegt juf Kaat en ze pakt een boek.
Het verhaal gaat over twee meisjes
die alleen op stap gaan.
"Mogen we naar de plaatjes kijken,
juf?", vragen Hans en Eef.

leeshoek

boekenrek

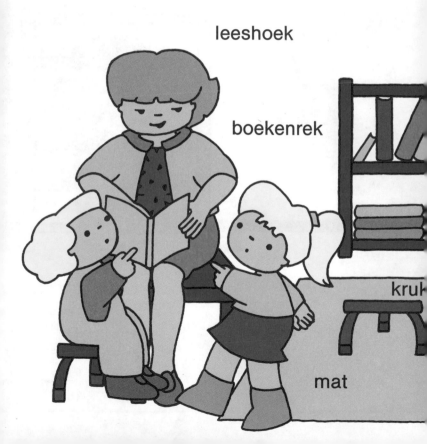

kruk

mat

Lien luistert niet mee naar juf Kaat.
Ze maakt een puzzel op de grond.
Kun jij haar zeggen waar ze de
twee laatste stukjes moet leggen?

kalender

lamp

plant

boek

puzzel

's Middags is het tijd om te eten.
"Ik lust deze boterham niet. Ik wil
er één met hagelslag", pruilt Stef.
"Eet eerst deze maar op!", zegt de juf.

refter

boterham

brooddoos

appel

lepel

tas

Hans heeft melk gedronken.
Hij zet de beker op de tafel.
Eef heeft gemorst met melk.
Er is een grote vlek op haar rok.
"Kunt u me helpen, juf?", vraagt ze.

pjes

beker

fles

theepot

flessendrager

vlek

kruk

Vandaag is Lien jarig.
Ze heeft een kroon op haar hoofd.
Kijk eens naar de kaarsjes op de taart.
Hoe oud wordt Lien vandaag?

kaarsen

taart

ballon

limonade

rietjes

bekers

trompe

De kinderen geven Lien een groot pak.
"Dat is een cadeau!", roept Stef.
Er zit een blokkendoos in het pak.
Maar... ssst! Dat is een verrassing.

snoepautomaat

kroon

lampion

cadeau

Juf Kaat hing een blad aan de muur.
Hans schildert erop met zijn vingers.
Hij heeft al drie handjes geschilderd.

potloder

vingerverf

lap

papier

lijm

kruk

Lien scheurt vormpjes uit papier en
Eef heeft een vis getekend.
Stef wil de juf een cadeautje geven.
Hij maakt een schoteltje van klei.

penselen

patel

spons

boetseerklei

tube lijm

askrijtjes

De kinderen zijn in de zandbak.
"Kijk juf, ik heb papieren bloemen
gemaakt", zegt Lien.
"Ik vind ze heel mooi, Lien", zegt
de juf. Wat is Lien nu trots!

vlag

zand

schop

Eef wil een zandkasteel bouwen.
Daar heeft ze een emmer voor nodig.
"Als je kasteel af is, steek ik er
een vlag in!", zegt Stef.
"Wil je me dan eerst helpen
bouwen?", vraagt Eef poeslief.

bal

emmer

papieren
bloemen

kar

harkje

ster

De kinderen verkleden zich.
Ze oefenen voor het schoolfeest.
Stef verkleedt zich als een musketier.
Hij zwaait met zijn houten zwaard.

pluim

zwaard

musketier

panty

fee

boog

broekriem

Lien lijkt wel een echte fee.
"Ik ben de fee van Assepoester!",
roept ze. "Hokus, pokus, pas!"
"Whoe, whoe, hier komt Rode Man,
de dappere Indiaan!", roept Hans.
En jij? Hoe zou jij je willen verkleden?

poppenkast

hoed

verkleedkoffer

kroon

bijl

stokpaard

schoenen

pijltjes

Indiaan

Het laatste uur van de dag
mogen de kinderen spelen.
Eef zit op het houten paard
en schommelt heen en weer.
Lien blijft zich maar verkleden.
Ze heeft zelfs een masker opgezet.

masker

ballen

trein

schommelpaard

Hans speelt met de meccano.
Hij wil een machine maken.
Triiiiing! Daar gaat de bel.
De kinderen mogen naar huis.
Morgen komen ze allemaal terug.

meccano

pop

kruk

blokkendoos

poppenhuis